Peldaños

La Declaración de Independencia

Documentos famosos

★★★ El CAMINO a la

TERRITORIO FRANCÉS

MAINE
(parte de la colonia de MASS.)

NUEVA HAMPSHIRE

⟨ LAS 13 COLONIAS ORIGINALES

Boston
NUEVA YORK
MASSACHUSETTS

RHODE ISLAND
CONNECTICUT

PENSILVANIA
NUEVA JERSEY
Filadelfia

DELAWARE
MARYLAND

M O N T A Ñ A S   A P A L A C H E S

VIRGINIA

CAROLINA DEL NORTE

CAROLINA DEL SUR

OCÉANO ATLÁNTICO

GEORGIA

TERRITORIO ESPAÑOL

N
O · E
S

400 Millas
Kilómetros

Se busca: Una nueva vida

Si vivieras en un país donde no pudieras practicar tu religión, ¿te irías? En el siglo XVII, algunos ciudadanos británicos hicieron precisamente eso. Navegaron a las **colonias** británicas en Norteamérica. Una colonia es un área controlada por un país lejano. Los colonos esperaban vivir más libremente, lejos del gobierno británico.

INDEPENDENCIA

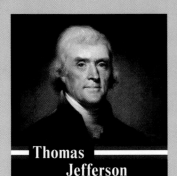

Thomas Jefferson

- Excelente escritor
- A los 33 años de edad fue elegido para ser el autor principal de la Declaración de Independencia

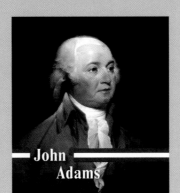

John Adams

- Impopular debido a su personalidad obstinada
- Se convirtió en un respetado defensor de la independencia

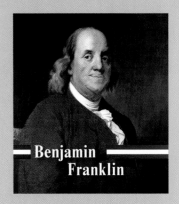

Benjamin Franklin

- Colono más famoso
- Firmante más viejo de la Declaración de Independencia

Rey Jorge III: Un bravucón real

Aunque las colonias estaban dominadas por el rey de Gran Bretaña Jorge III en el siglo XVIII, parecía que los colonos llevaban una vida bastante buena en la Norteamérica colonial. Tenían autonomía limitada, o el derecho a gobernarse a sí mismos. A los terratenientes varones se les permitía votar, y elegían a hombres de cada colonia para que se desempeñaran en una asamblea e hicieran las leyes. Thomas Jefferson, John Addams y Benjamin Franklin se convirtieron en líderes en estas asambleas.

Aún con estas nuevas prácticas, el rey Jorge seguía teniendo la última palabra. Podía **vetar**, o rechazar, cualquier ley a la que se opusiera. Gran Bretaña también controlaba las economías de las colonias. Por ejemplo, cuando el rey quería impulsar la venta de hierro británico, obligaba a las colonias a comprar únicamente hierro británico. Las colonias comenzaron a fabricar vidrio y productos de plata, aunque no se les permitía venderlos. Sus clientes tenían que comprar estos productos a Gran Bretaña. El control de Gran Bretaña comenzaba a percibirse como injusto, y los colonos enojados comenzaron a protestar.

Una guerra de impuestos

A los colonos no les agradaban algunas cosas del rey Jorge, pero seguían siendo leales a Gran Bretaña. Pronto descubrieron que su lealtad los iba a llevar a impuestos más altos.

Francia tenía colonias en Norteamérica, como Gran Bretaña. Las colonias francesas estaban mucho más hacia el interior que las colonias británicas. Entre 1754 y 1763, Francia y Gran Bretaña lucharon por el control de Norteamérica. Algunos nativo-americanos apoyaron a los franceses, por lo tanto, la batalla se llamó Guerra contra la Alianza Franco-Indígena.

Los colonos apoyaron con firmeza a los británicos y lucharon junto a los soldados británicos en la guerra. Querían que Gran Bretaña expandiera sus colonias para que pudieran establecerse al oeste de las montañas Apalaches. George Washington condujo tanto a las tropas británicas como coloniales a la batalla. Gran Bretaña ganó la guerra y obtuvo mucho territorio nuevo.

> **WASHINGTON EN ACCIÓN**

Mucho antes de que fuera presidente, George Washington (a caballo) fue un héroe en la Guerra contra la Alianza Franco-Indígena. Pinturas como esta nos dan gran parte de nuestros registros históricos de la Norteamérica colonial. ¡No hay fotografías!

Los colonos no celebraron por mucho tiempo. A medida que se desplazaban hacia el Oeste, continuaron luchando por la tierra con los nativo-americanos. Para evitar otra guerra, el rey Jorge ordenó a los colonos que regresaran al Este. Para empeorar las cosas, esta costosa guerra se luchó para proteger a las colonias, por lo tanto, el rey Jorge cobró un impuesto a los colonos. Muchos colonos estaban enojados.

∧ TODO LO QUE BRILLA

La deuda de Gran Bretaña no evitaba que el rey Jorge se comprara un carruaje cubierto con oro que aún se usa en la actualidad.

Tenían que pagar impuestos más altos pero no accedían a tomar decisiones en el gobierno. Adoptaron el clamor:

"¡No hay impuesto sin representación!".

Más impuestos y problemas

El pueblo repudió la Ley del Timbre de 1765, que establecía un pequeño impuesto en todos los materiales impresos... incluso los naipes. El rey Jorge afirmaba que este impuesto iba a ayudar a proteger a los colonos de los ataques de los nativo-americanos, pero los colonos lo dudaban. Los colonos temían que una vez que los británicos comenzaran a cobrarles impuestos, quizá nunca se detuvieran. El gobierno del rey ya se sentía como una **tiranía**, o poder injusto.

Los colonos tenían razón. Gran Bretaña suspendió la Ley del Timbre después de que los colonos protestaran, pero pronto cobró otros impuestos. En marzo de 1770, los que se oponían a los impuestos en Boston les tiraron bolas de nieve a los soldados ingleses. En respuesta, los soldados dispararon a la multitud y mataron a cinco colonos, incluido un marino afro-americano llamado Crispus Attucks. El incidente se conocería como la Masacre de Boston. Una masacre es la matanza de muchas personas.

⟨ ADOPTAR UNA POSTURA

En 2011, unos manifestantes se unieron a un movimiento llamado "Ocupar Wall Street" para protestar, o hablar en contra de lo que veían como crecientes diferencias entre cómo vivían los ricos y los pobres. Wall Street, en Nueva York, es donde los individuos y las corporaciones invierten mucho dinero.

Una gran tertulia con té

En 1773, el gobierno británico aprobó una ley que le daba a Gran Bretaña el derecho de establecer el precio del té que se vendía en las colonias. En protesta, un grupo de colonos se disfrazó de nativo-americanos, abordó un barco británico en la bahía de Boston y tiró por la borda 300 cajas de té. En respuesta al Motín del té de Boston, el gobierno británico envió muchos más soldados a Boston para mantener el orden.

⌃ LA MASACRE DE BOSTON

Este sangriento suceso comenzó cuando un muchacho lanzó un insulto a un soldado británico. El soldado golpeó al niño en la oreja con la culata de su rifle. Pronto los gritos del niño atrajeron a una multitud furiosa. Su hielo y bolas de nieve se encontraron con una balacera.

¡Esto significa la guerra!

Estas tropas británicas adicionales en Boston enfurecieron a los colonos. Eligieron representantes y formaron el **Congreso Continental**. Los representantes se reunieron en Filadelfia y redactaron una carta al rey Jorge en la que le pedían que concediera a los colonos los mismos derechos que a los ciudadanos británicos. En respuesta, el rey envió más tropas.

Los colonos se prepararon para la guerra. Reunieron alimentos, armas y suministros en Concord, una ciudad en las afueras de Boston. En abril de 1775, las tropas británicas marcharon desde Boston para incautar las armas. Las tropas pasarían por Lexington para llegar a Concord, por lo tanto, las fuerzas coloniales de Lexington se prepararon para luchar.

> Estatua de un soldado colonial

1750

1760

de 1754 a 1763
Guerra contra la Alianza Franco-Indígena

Benjamin Franklin crea esta caricatura política. Quiere motivar a los colonos a unirse en la lucha contra los franceses y los nativo-americanos.

1765
Ley del Timbre

La calavera y las tibias cruzadas en esta estampilla es un símbolo de la muerte. El dibujo muestra qué pensaban los colonos de la Ley del Timbre.

Esa noche, Paul Revere fue a caballo de Boston a Lexington y Concord para advertir a los ciudadanos que los británicos se aproximaban. Colonos armados se apresuraron para enfrentarse con las tropas británicas en Lexington. No sabemos quién disparó primero, pero los disparos resonaron. La Guerra de Independencia había comenzado.

Los colonos llamados patriotas apoyaron a los soldados coloniales y la lucha por la independencia. Otros colonos llamados leales al rey aún seguían del lado de los británicos.

En 1776, Thomas Paine publicó un panfleto llamado *Sentido común*. En él, Paine argumentaba que las colonias eran muy grandes para que las gobernara la pequeña Gran Bretaña. Sus palabras convencieron a algunos leales al rey de que ya no necesitaban que los gobernara Gran Bretaña. Decidieron que querían ser libres. Querían la independencia.

1775
Batallas de Lexington y Concord

La estatua que se muestra a la izquierda se encuentra en Lexington Green. Este es el lugar donde comenzó la Guerra de Independencia.

1770 — **1780**

1775
La cabalgata de Paul Revere

Paul Revere pide que cuelguen dos linternas de la torre de una iglesia en Boston. Las linternas señalan que los británicos cruzarán el río Charles camino a Lexington y Concord. El poeta estadounidense Henry Longfellow describió la señal en su poema "La cabalgata de Paul Revere".

Compruébalo ¿Por qué crees que los colonos querían la independencia?

DECLARAR LA LIBERTAD

Obra de teatro en cuatro actos

por Kathy Klein

Época: de mayo a julio de 1776

Escenario: Salón de asambleas en Filadelfia, Pensilvania

El líder y los delegados elegidos en el Congreso Continental:

John Hancock, presidente del
Congreso Continental

John Adams, Massachusetts

Thomas Jefferson, Virginia

Benjamin Franklin, Pensilvania

Richard Henry Lee, Virginia

John Dickinson, Pensilvania

Edward Rutledge, Carolina del Sur

Caesar Rodney, Delaware

James Wilson, Pensilvania

Acto 1

Los delegados, o representantes, del Segundo Congreso Continental se han reunido en Filadelfia para debatir la causa de la independencia. Algunos delegados, como John Adams, apoyan firmemente la independencia. Otros, como John Dickinson, se oponen intensamente. Se le ha pedido a Richard Henry Lee que presente la propuesta formal de soberanía, o independencia.

LEE: *(de pie)*

Por intermedio de la presente, propongo que nos separemos de Gran Bretaña y declaremos a nuestras 13 colonias estados libres.

ADAMS: *(poniéndose de pie impulsivamente de un salto)*

¡Debemos separarnos de Gran Bretaña y asegurar nuestra libertad! ¡Debemos poner fin a la tiranía del rey Jorge! Debemos...

OTROS DELEGADOS:

¡Siéntate, John, y que alguien abra las ventanas! ¡No podemos respirar!

LEE:

Por favor, caballeros, vuelvan a la calma. Ya preparamos la propuesta. Ahora sometámosla a votación.

DICKINSON: *(levantándose de su silla con dignidad)*

Antes de que este cuerpo vote, debo exigir que cada colonia considere esta medida drástica y extrema con mucho cuidado. *(manteniendo levantada la mano mientras varios de los delegados murmuran sus objeciones)*. De hecho, repito, la propuesta es drástica. Si la mayoría de los delegados de cada colonia no apoya la independencia, insisto en que la propuesta debe abandonarse.

ADAMS:

¡Y yo insisto en que todos deben votar *sí* a la independencia y la libertad!

OTROS DELEGADOS:

¡Siéntate, John, y que alguien cierre las ventanas! ¡Nos invaden las moscas!

Dickinson convoca una votación por la independencia en cada colonia.

Acto 2

Adams y Benjamin Franklin le pidieron a Thomas Jefferson que redactara un documento que enumerara las razones para cortar lazos con Gran Bretaña. Esto les dará tiempo para reunir votos en apoyo de su causa. Una vez que Jefferson ha terminado de componer la Declaración de Independencia, los delegados regresan a Filadelfia. Adams, Franklin y Jefferson hablan tranquilamente sobre la Declaración antes de que Edward Rutledge se dirija a los delegados.

FRANKLIN:

Es un documento poderoso, Tom, y ¡absolutamente genial!

ADAMS:

Estoy de acuerdo. Presentas nuestra causa de manera clara y sólida. Es un logro realmente maravilloso. Debo felicitarte.

JEFFERSON:

Tú podrías haber escrito un documento igual de bien, John.

ADAMS:

No, yo no. Eres diez veces mejor escritor que yo, Tom. Además, irrité a los demás. Dejaron que sus sentimientos hacia mí influyeran en su reacción a la Declaración.

RUTLEDGE: *(levantándose de su asiento e interrumpiendo su conversación)*

He revisado este documento y recurrí al Sr. Jefferson para que quitara la cláusula que proscribía la esclavitud. El Sur no puede existir sin ella. ¡Insisto en que quiten esta cláusula!

JEFFERSON:

¡De ninguna manera! ¿Cómo podemos decir que todos los hombres han sido creados iguales y luego permitir que continúe la terrible práctica de la esclavitud? ¡Me niego a quitar la cláusula!

RUTLEDGE: *(saliendo del salón con la mitad del congreso tras él)*

¡Entonces me niego a autorizar su documento con mi firma!

Rutledge conduce a sus seguidores
fuera del salón de asambleas.

Acto 3

Adams teme que la causa de la libertad esté perdida, pero la mayoría de los delegados se ponen de su lado. Aún así, Rutledge sigue apoyando la esclavitud en las colonias. Jefferson acuerda de mala gana quitar la cláusula de la esclavitud para ganar el apoyo de Carolina del Norte y del Sur. Los votos de Delaware y Pensilvania, sin embargo, permanecen inciertos.

ADAMS:

Solo falta asegurar dos colonias más, pero Delaware sigue estando dividida. Estoy convencido de que Caesar Rodney se pondrá de nuestro lado, pero está enfermo y debe ir a un doctor de Londres si espera mejorarse. Me temo que nuestra causa está condenada.

RODNEY: *(entrando en el salón repentinamente, acompañado por un sirviente)*

Nuestra libertad es más importante que la salud y el bienestar de cualquier hombre. ¡Voto a favor de la independencia!

FRANKLIN:

¡Eso es maravilloso, Sr. Rodney! Le agradezco su heroica decisión. Eso solo deja a Pensilvania, mi propia colonia, indecisa. *(dirigiéndose a todos en el salón)*. Que los delegados de Pensilvania anuncien sus votos. Yo emito el mío en firme apoyo a la independencia.

DICKINSON:

Creo que todavía podemos resolver nuestras diferencias con Gran Bretaña, y por esa razón voto no. ¿Qué dice, James Wilson? El suyo es ahora el voto decisivo en esta cuestión importante.

WILSON:

Como sabe, siempre voto con usted, Sr. Dickinson, pero esta vez no puedo hacerlo. No puedo quedar en la historia como el hombre que impidió la independencia de este país. Debo tomar partido con la mayoría: ¡debo votar sí!

ADAMS:

¡La Declaración está aprobada! ¡Felicitaciones, caballeros! Han tomado la única decisión posible. ¡Han elegido la libertad!

Rodney entra en el salón y emite su voto a favor de la independencia.

Acto 4

La mayoría de los delegados se preparan para firmar la Declaración de Independencia, mientras que los demás observan con desilusión. Como presidente del Congreso Continental, John Hancock tiene el honor de ser el primero en firmar.

HANCOCK: *(tomando la pluma con confianza)*

Firmaré con mi nombre en letras grandes y remarcadas. ¡Quiero que el rey Jorge pueda leer mi firma sin usar sus gafas!

DICKINSON: *(sacudiendo la cabeza con tristeza)*

Esta declaración casi con certeza traerá una guerra larga y brutal. Gran Bretaña nos aplastará y ustedes irán a juicio por firmar este documento... y merecidamente. Es un acto de deslealtad.

ADAMS:

Por el contrario, Sr. Dickinson, es un acto de patriotismo... y coraje.

FRANKLIN:

Tienes toda la razón, John. Por mi parte, digo que todos debemos estar juntos en esto, o nos van a condenar por separado. ¡Qué suene la libertad!

John Dickinson tenía razón cuando dijo que los colonos lucharían mucho tiempo por la independencia con esfuerzo. Sin embargo, Dickinson se equivocaba con respecto al resultado de la guerra. Conducidos por el general George Washington y con la ayuda de oficiales europeos, los colonos ganaron la Guerra de Independencia. El 19 de octubre de 1781, los británicos se rindieron en Yorktown, Virginia.

Mientras muchos de los delegados vitorean, Hancock firma la Declaración.

Compruébalo   ¿Cuál crees que fue el mayor obstáculo al que se enfrentaron los colonos cuando crearon la Declaración?

El RAP de la Independencia

ESTRIBILLO

¿De dónde crees que sale el feriado? Desde el primer día, los Estados Unidos declararon su libertad. Declaración de Independencia es como la llamamos, hijo. Comprende qué es, qué significa y de dónde provino.

Estrofa 1

Así que deja que te diga en una oración:

De lo que hablo aquí es la Declaración de Independencia.

Se firmó el 4 de julio, ¿pero de qué año?

1776, para ser más claros.

Pero en ese entonces había 13 colonias de

Inmigrantes que zarparon de Gran Bretaña

Por su soberanía, y eso significa libertad.

Entonces reunieron recursos políticos para ponerse de acuerdo,

Pero eso no quiere decir que estaba todo bien

Ya que con la nueva libertad, seguían existiendo dueños de esclavos.

Los temas de la democracia ya estaban presentados:

Ningún rey, ni reina, ni hipocresía.

Todos los hombres han sido creados iguales y como tales, se les cobrará impuestos.

Los padres fundadores detestaban que les cobraran tantos impuestos,

El rey Jorge envió tropas a través del mar

Y por la frontera. Hacer cumplir la ley llevó a asesinatos

En Boston, como la de Crispus Attucks.

> La *hipocresía* es una forma de deshonestidad. Una persona que incurre en hipocresía expresa una creencia que no practica.

Estrofa 2

En la fecha en que los firmantes firmaron,

Los políticos y los científicos en conjunto,

Cincuenta y seis hombres notables a los ojos de la sociedad.

Para nombrar el Comité de los Cinco:

Thomas Jefferson, John Adams, Robert Livingston,

Benjamin Franklin y Roger Sherman; hombres con

determinación.

Se determinó entonces que fuera inalienable

El derecho a la vida, la libertad y la búsqueda de la felicidad

Ningún hombre debía carecer de él.

Pero bajo el dominio británico en las colonias, parecía ser inalcanzable.

Samuel Adams se unió para elogiar la Declaración y firmar.

Cuando John Hancock la firmó, acuñamos la frase.

Fueron estas firmas que significaron la

Independencia que las colonias deseaban,

Las que incentivaron la Guerra de Independencia con una página,

Un documento, la filosofía de la democracia estadounidense.

> El Comité de los Cinco fue elegido por el Congreso Continental para escribir la Declaración. Sin embargo, fue solo Jefferson quien redactó el documento.

> Fíjate en el uso de la palabra "hombre" en la estrofa. Recuerda que la Declaración se refiere exclusivamente a los derechos de los terratenientes masculinos.

> Samuel Adams era un primo de John Adam, que también apoyaba la separación de Gran Bretaña.

Compruébalo ¿Qué línea de la canción resume mejor los derechos que exigían los colonos?

Aspectos notables de la Declaración

por Kathy Klein

La Declaración de Independencia es uno de los documentos más importantes de los Estados Unidos. Pero se escribió hace más de 230 años, en 1776. Su lenguaje formal hace que sea difícil leerla. Puedes consultar esta guía útil para ver los aspectos notables.

¿Esto es una peluca o cabello real?

¿Jefferson está parado sobre el pie de Adams?

¿Cómo se comienza a escribir un documento tan importante? Bueno, ¿cómo se hace para que los demás estén de acuerdo con un plan? Digamos que quieres jugar al softbol, pero debes formar un equipo. También debes convencer a tus amigos de que jueguen. Así que expones las razones por las que un partido sería divertido y consigues que tus amigos participen. Eso es exactamente lo que Jefferson y los demás fundadores hicieron: expusieron sus razones. Sigue leyendo para descubrir qué tenían para decir.

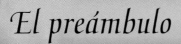

El preámbulo

Thomas Jefferson comenzó la Declaración de Independencia con un **preámbulo**, o introducción, que explica su propósito. El preámbulo enumera las razones de las colonias para separarse de Gran Bretaña. Los fundadores sabían que necesitarían el apoyo de otros países para lograr la independencia. Decidieron manifestar su caso al mundo.

El preámbulo describe los derechos **inalienables** con los que nacen todas las personas. Estos son derechos humanos básicos que nadie puede quitar. El preámbulo contiene una de las oraciones más famosas en la historia de los Estados Unidos:

Sostenemos que estas verdades son evidentes por sí mismas, que todos los hombres han sido creados iguales, que fueron dotados por su Creador de ciertos derechos inalienables como el derecho a la vida, a la libertad y a la búsqueda de la felicidad.

❮ La Estatua de la Libertad, en la bahía de Nueva York, da la bienvenida a los recién llegados a los Estados Unidos. El pueblo francés obsequió la estatua al pueblo estadounidense en 1876 para celebrar el centenario de la Declaración de Independencia.

A los fundadores no les agradaban los intentos del rey de limitar los derechos de los colonos, por lo tanto, en esta parte de la Declaración Jefferson escribió sobre cómo debía funcionar el gobierno. Según Jefferson, a los gobiernos los forma el pueblo para servir al pueblo. Eso significa que tu gobierno te pertenece. Además, cuando un gobernante deja de proteger la libertad del pueblo, el pueblo tiene un derecho de cambiar o incluso derrocar el gobierno. ¡Ese es un paso muy serio! Como ves, todo es una cuestión de derechos. Jefferson insiste en que los colonos deben establecer un gobierno que proteja sus derechos inalienables. Son los mismos colonos los que deben controlar este gobierno, no un rey o una reina.

∧ La Declaración de Independencia se preserva para que todos la vean en los Archivos Nacionales, en Washington, D.C. El documento está sumamente custodiado. Está contenido en material a prueba de balas y rodeado por gas argón para evitar que se seque completamente.

Reclamos al rey Jorge

En la siguiente parte de la Declaración, Jefferson enumera 27 reclamos al rey Jorge. Sus reclamos explican por qué los fundadores quieren separarse de Gran Bretaña. Les recuerdan a los colonos el trato injusto que soportaron bajo el dominio británico. La mayoría de los reclamos comienza con "Ha...". De esa manera, la responsabilidad recae directamente sobre el rey Jorge. Estos son algunos de los reclamos.

- ☑ Ha clausurado reiteradamente nuestras asambleas.
- ☑ Ha elegido jueces que hacen lo que él desea.
- ☑ Ha dispuesto ejércitos en nuestras colonias en tiempos de paz.
- ☑ Ha suspendido nuestro comercio con todos los lugares del mundo.
- ☑ Nos ha cobrado impuestos sin preguntarnos.
- ☑ A algunos de nosotros no nos ha permitido tener juicios con jurado.
- ☑ Nos ha enviado a Gran Bretaña para enjuiciarnos por crímenes inventados.

En la conclusión de la Declaración, Jefferson señala que los colonos obedecían las leyes británicas incluso mientras reclamaban. El rey ignoraba sus protestas, lo que lo hacía "no apto para ser el gobernante de un pueblo libre". Jefferson, por lo tanto, afirma que las colonias deben romper sus lazos con Gran Bretaña y convertirse en "Estados independientes". Como tales, tendrán el derecho a hacer la guerra y negocios con otros países, derechos que cualquier otro país libre goza.

Muchos colonos apoyaron la Declaración de Independencia. Algunos incluso derribaron estatuas del rey Jorge para mostrar cómo se sentían con respecto a él.

Compruébalo   En tu opinión, ¿cuáles son las ideas más importantes que contiene la Declaración?

GÉNERO Artículo de Estudios Sociales

Lee para descubrir cómo la Declaración inspiró a otras personas.

La asombrosa Influencia de la Declaración

por Aaron Meyers

La Declaración de Independencia establece que: "todos los hombres han sido creados iguales". Sin embargo, esta garantía no incluía a todos los grupos de la sociedad estadounidense. Al poco tiempo, las mujeres y los afro-americanos se inspiraron en la Declaración para luchar por sus derechos.

Las mujeres estadounidenses se expresan

En 1848, se realizó la primera convención de derechos de la mujer en Seneca Falls, Nueva York. Elizabeth Cady Stanton elaboró una Declaración de Sentimientos basándose en la Declaración de Independencia.

Estas "bellezas de la libertad" llevan el legado de Stanton. Marchan en apoyo de sus causas favoritas el Cuatro de Julio en 2009.

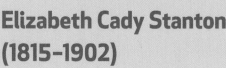

Elizabeth Cady Stanton (1815–1902)

Elizabeth Cady Stanton sabía cómo era sentir que no la consideraran tan buena como a un hombre. La Elizabeth de once años intentaba consolar a su padre cuando su hermano murió. Este le dijo: "Oh, hija mía, ojalá fueras un niño". Decidió mostrarle que era igual a cualquier hombre. Llegó tan lejos en su educación como podía una mujer en la década de 1830. También hizo que se quitara la palabra "obedecer" de sus votos matrimoniales.

Stanton protestaba en contra de la esclavitud. También fue una líder importante del movimiento para que les otorgaran a las mujeres el derecho a votar. Murió en 1902 a los 87 años de edad y no vivió lo suficiente para ver cómo las mujeres obtenían el derecho a votar. Sin embargo, sus esfuerzos ayudaron a otorgar a las mujeres los derechos básicos que se prometían en la Declaración.

Comenzó alterando la famosa oración de Jefferson: "Sostenemos que estas verdades son evidentes por sí mismas, que todos los hombres y las mujeres han sido creados iguales". También enumeró las injusticias que sufrían las mujeres, incluida la negación del derecho a votar o poseer propiedades. A la mujer no se le otorgó el **sufragio**, o derecho a votar, hasta que se aprobó la Decimonovena Enmienda de la Constitución en 1920.

Los afro-americanos exigen sus derechos

Se obligó a Jefferson a quitar una cláusula de la Declaración que habría terminado con la esclavitud cuando se formaron los Estados Unidos. Como resultado, la esclavitud dividió al país por casi 90 años después de que se firmara la Declaración. Pasarían casi otros 90 años más antes de que a los afro-americanos se les reconociera la total igualdad. Entre las décadas de 1880 y 1960, algunas leyes estatales limitaban los derechos al voto de los afro-americanos y establecían lugares públicos **segregados**, o separados.

En la década de 1950, la Corte Suprema comenzó a dar pasos para terminar con la segregación. Los esfuerzos de la Corte y el **Movimiento de los Derechos Civiles** de las décadas de 1950 y 1960 ayudaron a terminar con la separación.

El monumento de Martin Luther King, Jr. se inauguró en Washington, D.C., en 2011. Esta estatua de 30 pies de alto domina el monumento. La inscripción en la estatua dice:

DE LA MONTAÑA DE DESESPERACIÓN, UNA PIEDRA DE ESPERANZA

OF DESPAIR,
PE

El Movimiento de los Derechos Civiles estaba liderado por el Dr. Martin Luther King Jr., un ministro bautista de Georgia. El Dr. King fue una de las figuras más importantes de la nación en la lucha por la igualdad racial. Tristemente, a este líder pacífico lo asesinaron en 1968.

El legado del Dr. King se celebra de muchas maneras. El Memorial de Martin Luther King, Jr. es un monumento a su vida y obra. Se ubica cerca del monumento a Lincoln en Washington, D.C. Está rodeado por cerezos que florecen en primavera, cerca del aniversario de la muerte del Dr. King.

Martin Luther King, Jr. (1929–1968)

Martin Luther King, Jr. se inspiró en el líder de la independencia de la India, Mahatma Gandhi. El Dr. King organizó marchas y protestas no violentas para obtener derechos equitativos para los afro-americanos. King nunca contraatacaba cuando lo atacaban. Sus discursos conmovedores, como su discurso "Tengo un sueño" (que se muestra arriba), inspiró a muchas personas a unirse a él.

Antes de que lo asesinaran en 1968 a la edad de 39 años, el Dr. King ayudó a aprobar leyes que terminaban con la segregación y daban a los afro-americanos mayor igualdad. Después de su muerte, sus seguidores continuaron luchando para terminar con la discriminación y cumplir la promesa de la Declaración de Independencia.

Un documento para el mundo

La Declaración ha influenciado a personas en los Estados Unidos y en todo el mundo. En 1789, inspiró a los franceses a escribir su propia Declaración y derrocar a su rey. Entre 1795 y 1826, el pueblo de Haití luchó por la independencia de los franceses y los sudamericanos se rebelaron contra los españoles.

El legado de la Declaración de la libertad continúa en la actualidad. En el siglo XX inspiró una revolución social en Sudáfrica. Allí se practicaba el **apartheid**, una forma extrema de segregación. Los gobernantes blancos aprobaron una ley que separaba a las razas. También les negaban muchos derechos humanos básicos a las personas negras. El activista sudafricano Nelson Mandela condujo la lucha contra ese trato y ayudó a terminar con el apartheid.

No todas las revoluciones por la independencia han tenido éxito. Sin embargo, los ideales de la Declaración aún persisten en el corazón de las personas en todos lados.

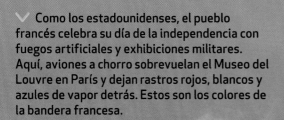

Como los estadounidenses, el pueblo francés celebra su día de la independencia con fuegos artificiales y exhibiciones militares. Aquí, aviones a chorro sobrevuelan el Museo del Louvre en París y dejan rastros rojos, blancos y azules de vapor detrás. Estos son los colores de la bandera francesa.

Nelson Mandela
1918-2013

A Nelson Mandela lo sentenciaron a una vida en prisión en 1962 por luchar contra el apartheid. Con apoyo de personas de todo el mundo, Mandela obtuvo su libertad en 1990. Luego trabajó con el presidente blanco de Sudáfrica, F.W. de Klerk, para terminar con el apartheid. Los dos hombres recibieron el Premio Nobel de la Paz (arriba) en 1993. El discurso de aceptación de Mandela reflejó la Declaración de Independencia:

> Habremos creado una sociedad que reconoce que todas las personas han nacido iguales, y merecen en igual medida la libertad, la prosperidad, los derechos humanos y buen gobierno.

Mandela se convirtió en el primer presidente electo democráticamente en Sudáfrica en 1994.

Compruébalo ¿Cómo ha influenciado a las personas la Declaración de Independencia?

Comenta

1. ¿Qué conexiones puedes establecer entre los cinco artículos que leíste en este libro? ¿Cómo crees que se relacionan los artículos?

2. ¿Por qué los colonos creían que era importante declarar la independencia de Gran Bretaña?

3. ¿Qué te dice la obra de teatro de la Declaración de Independencia sobre los líderes que se reunieron a debatirla? Describe las diferentes perspectivas que llevaron al debate.

4. En tu opinión, ¿cómo la Declaración de Independencia continúa influyendo en las personas en la actualidad?

5. ¿Cuáles son algunas preguntas que tienes sobre las personas y los sucesos de este período de nuestra historia?